THÉOPHILE GAUTIER

THÉODORE DE BANVILLE

THÉOPHILE GAUTIER

ODE

PARIS

ALPHONSE LEMERRE, ÉDITEUR

27-29, PASSAGE CHOISEUL, 27-29

1872

THÉOPHILE GAUTIER

Ode

Théophile Gautier ! poëte
Au regard limpide et vermeil,
Dont l'œuvre fut un hymne en fête
A la vie ivre de soleil !

A l'heure où la Mort en délire,
Avec un regret insensé,
Admire encor ton fier sourire
Qu'elle éteint de son doigt glacé,

Pardonne-moi, maître des charmes,
Dont l'esprit s'enfuit vers le ciel,
Si tu vois mes yeux pleins de larmes
Devant toi, songeur immortel.

Pardonne-moi si je te pleure,
Car, ô maître, c'est l'humble ami
Qui prie et sanglote à cette heure
Auprès du lutteur endormi.

Mais ma propre fierté s'irrite
De s'attrister en ces douleurs,
Et je sais qu'un tel deuil mérite
Bien autre chose que des pleurs!

Car, ô pur génie, âme immense
Qu'emplissait la sainte beauté,
A cet instant pour toi commence
Une double immortalité.

Et tandis que de ta poitrine,
Déployant son aile de feu,
Ce qui fut la flamme divine
S'envole et retourne vers Dieu,

Fier meurtrier de la nuit noire,
Vainqueur du silence étouffant,
Ton génie entre dans la gloire,
Libre, superbe et triomphant.

Cependant que tes filles pleurent
Et que tes fils sont pleins d'effroi,
Tristes comme ceux qui demeurent
Après des hommes tels que toi ;

Cependant que l'ombre les gagne,
Pleine de vivants désespoirs,
Et cependant que ta compagne
Pleure sous ses longs voiles noirs ;

Artiste, créateur sans tache,
Sage et patient ouvrier,
Souriante, la Muse attache
Sur ton front le divin laurier.

Sereine et fixant sur ton livre
Son regard clair comme un flambeau,
A jamais elle te délivre
De l'épouvante du tombeau.

Et l'Envie aux dents de couleuvre
A beau se plaindre et crier : Non !
Elle fait briller sur ton œuvre
Luxuriante, et sur ton nom,

L'éclat lumineux et féerique,
Le flamboiement mélodieux
Qui sied au poëte lyrique
Dans son triomphe radieux ;

Et s'éveillant sous son doigt rose,
Chanteur illustre et vénéré,
Les clartés de l'apothéose
Ruissellent sur ton front sacré !

II

Déjà la France, à qui nous sommes,
Douce mère frappée au flanc,
Dans le troupeau de ses grands hommes
Choisit ta place au premier rang;

Et, te célébrant dans ses veilles,
Elle te bénit, fils pieux,
D'avoir égalé les merveilles
Qu'enfantèrent nos grands aïeux.

O fils d'Orphée et de Pindare,
Instruit par eux dans l'art des vers,
Qu'elle est belle, en ce siècle avare,
Ton œuvre aux cent aspects divers!

Ta jeune maîtresse la Rime,
Qui fait toujours ce que tu veux,
Te donne, prodigue sublime,
Les diamants de ses cheveux ;

Elle t'offre ces pierreries
Qui semblent transir et brûler,
Et l'on voit leurs flammes fleuries
Dans ton poëme étinceler.

Statuaire, que le vil piége
De la chair appelait en vain,
Tu sais du marbre au flanc de neige
Faire jaillir un corps divin,

Et ravir à la nuit fatale
Son frissonnement enchanté,
Et le vêtir, forme idéale,
D'une invincible chasteté.

Et la Nature, ô coloriste !
Te laisse prendre ses trésors :
Rubis, hyacinthe, améthyste,
Et les bleus saphirs et les ors ;

Et, par ton génie animées,
Tu fais, pour enchanter nos yeux,
Avec ces matières charmées
Un mélange mystérieux !

Russie, Égypte, Espagne, Grèce,
Où les grands Dieux vivent encor,
A ta voix surgit et se dresse
Tout le prodigieux décor :

Vertes forêts, plaines moroses,
Mers d'azur aux charmants reflets,
Pics géants de neige, ciels roses,
Montagnes aux flancs violets ;

Et les grandes architectures,
Où tous les arts sont mariés,
Développent leurs lignes pures
Et leurs détails coloriés,

Temple à la blanche colonnade,
Burg dont l'herbe envahit la cour,
Cathédrale, palais de jade,
Alhambra découpant le jour!

En ce décor passent et vivent
Des rois, des guerriers, des amants,
Les justes, et ceux que poursuivent
Les ailes des noirs Châtiments;

Toute la folle engeance humaine
Dont le destin fait son jouet,
Tous les mortels tremblants que mène
Amour avec son cruel fouet;

Et surtout, mille, mille femmes
Montrant, sur leurs mates pâleurs,
Celles-ci des joyaux de flammes,
Celles-là des colliers de fleurs;

Vierges priant dans leurs alcôves,
Et folles aux regards surpris
Dénouant leurs crinières fauves
Sur les rouges damas fleuris;

Les unes pleurant comme un cygne,
D'autres avec l'air irrité,
Mais toutes laissant voir le signe
De l'irrésistible Beauté.

III

La Beauté ! c'est le seul poëme
Que tu chantas sous le ciel bleu,
Grand porteur de lyre, et toi-même
Tu fus sage et beau comme un dieu.

Sans que rien jamais la courrouce,
Un regard calme et contempteur
Brillait dans ta prunelle douce;
On eût dit qu'un divin sculpteur,

Dans son jardin planté de vignes,
Epris du beau comme du bien,
Avait pétri les nobles lignes
De ton visage olympien.

Ta barbe légère et farouche
Tombait, soyeuse, en s'effilant,
Pour encadrer ta belle bouche
Aussi rouge qu'un fruit sanglant,

Et comme au Zeus de l'ode ancienne
Qui songe aux éternels devoirs,
Ta chevelure ambroisienne
Ruisselait en brillants flots noirs.

Sur ton large visage austère
Quelle douceur, mais quel mépris
Pour tous les hochets de la terre
Auxquels on attache du prix!

Rhéteurs aux démarches hautaines
Bâtissant un néant profond,
Et se penchant vers les fontaines
Pour remplir des urnes sans fond;

Orateurs dévorés de fièvre,
Dans le carrefour éhonté
Baisant de leur ardente lèvre
L'ignoble Popularité;

Amants de l'or, pourris de plaies,
Monnoyant l'angoisse et les pleurs,
Blêmes, et comptant des monnaies
Dans la nuit, comme les voleurs;

Ineptes don Juans de romance,
Sous ses haillons d'or, en plein jour,
Adorant tous, en leur démence,
Le spectre fardé de l'Amour;

Maîtres des Odes éclatantes,
Se résignant au rire amer
Pour des foules plus inconstantes
Que le flot fuyant de la mer;

O pasteur des rhythmes sans nombre,
Comme tu regardais ces fous
Acharnés à l'ombre d'une ombre,
Avec un air pensif et doux,

Toi, qui t'asseyais sous un arbre
En plaignant le cerf aux abois!
Toi, l'amant des Nymphes de marbre
Et de la source dans les bois,

Qui donnais la richesse vile
Et tout leur or matériel
Pour une âpre strophe d'Eschyle
S'envolant terrible en plein ciel !

Toi qui, dans ton cœur invincible
N'eut pas d'autre rêve étoilé
Que de lire la grande bible
Et de voir dans le ciel fermé.

Toi qui, dans ta candeur sincère,
Souriais, ignorant du mal,
Et qui remplissais ton grand verre
Avec le vin de l'Idéal !

IV

Reprends-les, ce divin sourire
Et ce verre où ta lèvre but,
Car voici l'heure de te dire,
Maître, non : Adieu, mais : Salut !

Oui, sois le bienvenu, poëte,
Parmi ceux que nomme les siens
La Muse qui fut leur conquête ;
Car tu ne t'en vas pas, tu viens !

Fier de ton renom qui te vante,
Tu viens vers la postérité,
Ayant sur ta lèvre vivante
L'inéluctable vérité,

Et dans ta main mystérieuse
Apportant, vainqueur du tombeau,
Toute une œuvre victorieuse
Où resplendit l'éclat du Beau !

Au festin de la poésie,
Où chacun, levant son bras nu,
Boit le nectar et l'ambroisie,
O chanteur, sois le bienvenu !

Toi qui, pareil à Véronèse,
Parmi les satins et les fleurs,
Fais resplendir en ta fournaise
Les femmes aux belles couleurs !

Toi qui, dans un temps qui végète,
Nous fais songer aux chœurs dansants
Qui bondissaient sur le Taygète,
Avec tes vers éblouissants !

Toi qui, savant aux hardiesses,
Peux, comme Myron et Scyllis,
Tailler l'image des Déesses
Dans le marbre pareil au lys !

Toi, qui sus donner à la prose
Le prisme durable et charmant
Que traverse un éclair de rose,
Et le poli du diamant !

Toi qui répands de ta main pleine
Toute une riche floraison !
Dernier fils du chantre d'Hélène !
Ame, sagesse, esprit, raison,

Amant du beau, du vrai, du juste,
Entre parmi les dieux de l'art,
Et viens prendre ta place auguste
Entre Rabelais et Ronsard !

23 — 24 octobre 1872.

Imprimé

PAR J. CLAYE

POUR

ALPHONSE LEMERRE, LIBRAIRE

A PARIS

www.ingramcontent.com/pod-product-compliance
Lightning Source LLC
Chambersburg PA
CBHW060453050426
42451CB00014B/3298